Anwendungen der Blockchain im unternehmerischen Kontext

Dennis Witt

Bibliografische Information der Deutschen Nationalbibliothek:

Die Deutsche Nationalbibliothek verzeichnet diese Publikation in der Deutschen Nationalbibliografie; detaillierte bibliografische Daten sind im Internet über http://dnb.d-nb.de abrufbar.

ISBN: 9783963562655
Dieses Buch ist auch als E-Book erhältlich.

Wie kann die Blockchain in Unternehmen sinnvoll angewendet werden?

Seminararbeit

vom 24.06.2023

Kursbezeichnung: Seminar Gesellschaftliche Herausforderungen der Digitalisierung

Studiengang: Wirtschaftsinformatik (M.Sc.)

Name des Verfassers: Dr. med. Dennis Witt

Inhaltsverzeichnis

S. iii

Abbildungsverzeichnis

Tabellenverzeichnis

BAT	Basic Attention Token
KSI	Keyless Signature Infrastructure
NATO	North Atlantic Treaty Organization
NFT	Non-Fungible Token
NONCE	Number only use once
NPC	Non-Player-Character

1. Einleitung

1.1. Motivation

Einige Anwendungen der Blockchain-Technologie befinden sich in Gartners-Hype-Kurve aktuell in den Phasen Trough of Disillusionment und Slope of Enlightment (Litan, 2022). Damit rückt die Phase des Plateaus of Productivity mittelfristig näher und es stellt sich für Unternehmer zunehmend die Frage zu welchem Zeitpunkt und in welcher Form die Blockchain-Technologie wertschöpfend und sinnvoll angewendet werden kann.

Nach Auffassung des Autors dieser Seminararbeit ist gerade dies daher der richtige Zeitpunkt einen tieferen Blick auf die bisherigen Entwicklungen, Potentiale und Anwendungen der verschiedenen Blockchain-basierten Technologien in den unterschiedlichen wirtschaftlichen Bereichen zu werfen.

1.2. Ziel der Arbeit

Ziel dieser Arbeit ist zum einen die vorhandenen Blockchain-assoziierten Technologien aufzuarbeiten und zum anderen konkrete wirtschaftliche Anwendungen der Technologien in verschiedenen wirtschaftlichen Bereichen darzustellen, um so für künftige Unternehmungen als Inspirationsquelle zu dienen. Nach a priori Kenntnis des Autors dieser Arbeit existieren zwar bereits verschiedene Meta-Studien über die Blockchain-Technologie Nutzung, jedoch beleuchten diese exemplarische unternehmerische Anwendungen nicht im Detail oder folgen einer anderen Einteilung unternehmerischer Bereiche.

1.3. Abgrenzung der Arbeit

Diese Seminararbeit unterliegt formalen und zeitlichen Restriktionen und ist als Studienleistung konzipiert. Daher können nicht alle wissenschaftlichen Gesichtspunkte einer Meta-Arbeit vollständig erfüllt werden. Dies betrifft insbesondere die Darstellung der vielfältigen Anwendungsbeispiele der Blockchain-Technologie. Der Autor dieser Arbeit hat daher beschlossen sich zu jedem Wirtschaftsbereich stets auf ein prägnantes Anwendungsbeispiel zu beschränken, das jeweils willkürlich entsprechend des persönlichen Interesses des Autors ausgewählt wurde. Die Notwendigkeit dieses Vorgehens ist daher bedauerlich, da die Entscheidung für ein unternehmerisches Beispiel stets auch mit der Entscheidung gegen ein anderes einhergeht, welches gegebenenfalls ebenso im Interesse des Lesers wäre.

1.4. Methodik und Strukturierung

Diese Arbeit ist grundlegend eine Literaturarbeit. Zunächst soll der vorhandene Wissensstand in der aktuellen Publikationslandschaft bezüglich der Anwendungen von Blockchain-Technologien in verschiedenen Wirtschaftsbereichen aufgearbeitet werden. Hierfür sollen die einschlägigen Literaturdatenbanken (IEEE Xplore Digital Library, Science Direct und SpringerLink), mit dem Bool'schen Suchterm: "use cases" AND "business application" AND "blockchain" nach Meta-Arbeiten durchsucht werden. Insoweit hierbei sekundär anhand von Titeln anderer Publikationen zusätzliche Wirtschaftsbereiche identifiziert werden sollten, so sollen auch diese mit einbezogen werden.

Anhand dieser Informationen sollen auch die aktuell relevanten technologischen Ausprägungen der Blockchain-Technologie identifiziert werden, die im ersten Teil des zweiten Kapitels erläutert werden sollen. Für die Erläuterungen der Technologie sollen, wo möglich, Standardlehrbücher und die Informationen aus den zuvor identifizierten Meta-Quellen verwendet werden. Auch soll an dieser Stelle auf inhärente Limitationen von und Kritikpunkte gegenüber der Blockchain-basierten Technologien verwiesen werden.

Für die durch die Analyse der vorhandenen Meta-Arbeiten identifizierten Wirtschaftsbereiche soll dann eine freie Suche im Internet ausgehend von dem Bool'schen Suchterm „blockchain" AND [entsprechender Wirtschaftsbereich in englischer Sprache]" durchgeführt werden, um berichtenswerte unternehmerische Anwendungen zu identifizieren. Die jeweilige Anwendung in den identifizierten Unternehmen soll idealerweise mittels einer wissenschaftlichen Quelle oder des jeweiligen whitepapers dargestellt werden. Nur dort, wo keine andere Quelle vorhanden ist, wird auf die jeweilige Unternehmenswebseite verwiesen.

Abschließend folgen eine übergreifende Darstellung der aktuellen Entwicklungen der Blockchain-Technologien im Kontext unternehmerischer Anwendungen sowie ein Ausblick antizipierbarer zukünftiger Entwicklungen.

Damit ergibt sich die folgende Struktur für die weitere Arbeit:

1) Ergebnisse der Recherche einschlägiger Metaarbeiten
2) Wichtige technologische Grundlagen
3) Limitationen und Kritikpunkte
4) Anwendungsbeispiele
5) Abschluss der Arbeit

2. Hauptteil

2.1. Metaarbeiten und identifizierte Wirtschaftsbereiche

Mit Hilfe der im Methodenteil dargestellten Bool'schen Suche konnte der Konferenzbeitrag „Blockchain for Business Applications: A Systematic Literature Review" von Konstantinidis et al. aus dem Jahr 2018 identifiziert werden. Diese Arbeit basiert auf einer umfassenden Literaturrecherche in den Datenbanken ACM Digital Library, IEEE Xplore Digital Library, Science Direct und SpringerLink. Die Autoren erarbeiteten hier die Wirtschaftsbereiche Kryptowährungen, E-Government, Healthcare, Energy, Supply Chain und Banking als relevante Ziele der Blockchain-Technologieanwendungen (Konstantinidis et al., 2018, S. 387-389). Nach Auffassung des Autors dieser Seminararbeit ist die genannte Meta-Arbeit von Konstantinidis et al. im Jahr 2023 nicht länger erschöpfend, da neuere Arbeiten wie eine bibliografische Studie mit dem Titel „Artificial Intelligence and Blockchain Integration in Business: Trends from a Bibliometric-Content Analysis" von Kumar et al. aus dem Jahr 2022 zusätzliche Wirtschaftsbereiche aufführen. Dies betrifft die Wirtschaftsbereiche Transportation, Marketing, Intellectual property right, E-commerce, Management und Smart-Manufacturing (Kumar et al., 2023, S.886-889). Ein zusätzlich identifiziertes Buchkapitel von Rao et al. aus dem Jahr 2022 beschreibt außerdem Anwendungen im Bereich Business Process-Management (Rao et al., 2023, S.200-202)).

Es existieren weitere von den genannten Meta-Arbeiten nicht erfasste Wirtschaftsbereiche mit dedizierten Anwendungen der Blockchain-Technologie. Diese wurden nicht über die genannten Arbeiten sondern über eine Auswertung der mit Hilfe der mit dem Bool'schen Suchterm identifizierten Publikationstitel identifiziert. Die gesamte Liste der in dieser Seminararbeit betrachteten Wirtschaftsbereiche findet sich in Tabelle 1.

Tabelle 1 Identifizierte Wirtschaftsbereiche

Wirtschaftsbereich	Konstantinidis et al.	Kumar et al.	Rao et al.	sekundär identifiziert
(Corporate) Finance	+	+	+	-
Lieferketten in der industriellen Herstellung	+	+	-	-
Lieferketten in der Agrarwirtschaft	+	+	-	-
(Projekt)Management	-	-	+	+
Immobilienwirtschaft	-	-	-	+
Öffentliche Verwaltung	+	-	+	-
Cybersecurity	-	-	-	+
Versicherungswesen	-	-	-	+
Energiehandel	+	-	-	-
Nahverkehr	-	+	-	-
Gesundheitswesen	+	+	-	-
Marketing	-	+	-	-
Unternehmensrecht	-	-	+	+
Recruiting	-	-	-	+
Kunsthandel	-	-	-	+
Gamingindustrie	-	-	-	+
Non-Profit Organisation	-	-	-	+
Geistiges Eigentum	-	+	+	-

Tabelle 1 präsentiert die identifizierten Wirtschaftsbereiche mit Anwendungen der Blockchain-Technologie. Weiterhin zeigt sie auf welche Art der jeweilige Bereich vom Autor dieser Seminararbeit identifiziert wurde.

Als relevante Technologien wurden im Rahmen der durchgeführten Literaturrecherche neben der Blockchain selbst, Kryptowährungen (Rao et al., 2023, S.209), Smart-Contracts (Rao et al., 2023, S.200) und NFTs (Park et al., 2022) identifiziert, die nun im Folgenden erläutert werden sollen.

2.2. Technische Grundlagen Blockchain

Das Konzept der Blockchain-Technologie lässt sich grundlegend als Anwendung kryptografisch verketteter Informationsblöcke beschreiben. Hierbei beinhaltet ein jeder dieser Blöcke typischerweise die Information der vorangegangenen Blöcke in Form von Hash-Werten, sowie eigene Informationen. Die Speicherung einer Blockchain erfolgt dabei dezentral und es gilt, dass jeder neu erstellte Block an den vorhergegangenen mittels eines Konsenzverfahrens angehangen wird, für welches aktuell verschiedene Ansätze existieren (Fill & Meier, 2020, S.292 & S.375).

2.2.1. Hash-Werte

Hash-Funktionen, wie sie in der Blockchain Anwendung finden, werden in der Informatik bereits seit Jahrzehnten verwendet. Sie werden etwa als einfache Methode zur Prüfung der Integrität oder Vollständigkeit eines Datensatzes verwendet. Bei einer Hash-Funktion wird eine Anzahl von Eingabedaten auf eine festgelegte Anzahl von Ziffern in Hexadezimalform abgebildet. Um zu prüfen, ob Änderungen an den Eingabedaten erfolgt sind, muss so nur der Hash-Wert abgeglichen werden, anstatt, dass eine große Menge von Daten geprüft werden muss. Es existieren verschiedene Hash-Funktionen wie MD5, SHA und HMAC, die alle gemeinsam haben, dass sie nicht umkehrbare Falltürfunktionen sind; D.h. aus dem Hash-Wert können die Eingabedaten nicht rekonstruiert werden. Auf die mathematischen Details soll im Rahmen dieser Seminararbeit nicht vertieft eingegangen werden (Athavale et al., 2022, S.105-106).

2.2.2. Merkle-Tree

Der grundlegende Aufbau der Blockchain, der sogenannte Merkle-Tree oder Merkle-Baum, basiert u.a. auf Hash-Werten. Der Merkle-Tree bezeichnet hierbei die Verknüpfung der verschiedenen Blöcke. Es werden die Hash-Werte verschiedener Eingabedaten miteinander verbunden und hierarchisch miteinander verknüpft.

Ein einfacher Merkle-Tree aus drei Ebenen besteht aus Wurzelknoten (Ebene 0), Kindknoten (Ebene 1) und den sogenannten Blättern (Ebene 2), die in hierarchischer Beziehung zueinanderstehen. Die Anzahl der Kindknoten-Ebenen ist grundsätzlich beliebig groß.

Alle dem Wurzelknoten untergeordneten hierarchischen Ebenen beinhalten jeweils die miteinander kombinierten Hash-Werte der nachfolgenden Ebenen, sodass der Wurzelknoten selbst schließlich die Kombination aller Hash-Werte der im Merkle-Tree enthaltenen Daten enthält. Dieses Vorgehen erlaubt es, dass zu jedem Zeitpunkt Änderungen unkompliziert nachvollziehbar sind, da diese eine Änderung aller vorgelagerten Blöcke zur Folge haben. So kann jederzeit mit dem Wurzel Hash-Wert die Prüfung der Integrität aller vorgelagerten Eingabedaten erfolgen (Nakamoto, 2009). Abbildung 1 zeigt einen beispielhaften Merkle-Tree vor und nach Änderung der Eingabedaten.

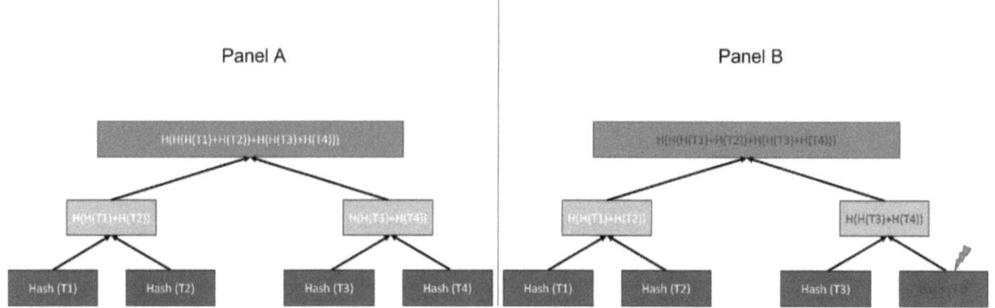

Abbildung 1 Merkle-Tree | Eigene Darstellung
Abbildung 1 präsentiert in Panel A den Aufbau eines Merkle-Baums mit den Transaktionen (T1-T4). Es ist ersichtlich, dass die Wurzelebene (grün) die Hash-Werte der vorangegangenen Ebenen hasht und damit deren Informationen ererbt. In Panel B erfolgt eine Änderung der Informationen von Transaktion T4. Hierdurch verändern sich alle Hash-Werte, die in roter Schrift markiert sind. Der Begriff Hash wurde oberhalb der Blätter-Ebene (blau) mit H abgekürzt, um die Darstellungsqualität zu erhöhen.

In einer Blockchain sind in Form eines Merkle-Trees verschiedene Informations-Blöcke miteinander dezentral, transparent und kryptografisch sicher verknüpft. In einer Blockchain beinhaltet jeder Block außerhalb der Wurzelebene typischerweise einen Header, der den kombinierten Hashwert der im Block selbst enthaltenen Transaktionen sowie den Header des vorangegangenen Blocks enthält. Auf diesen Header verweisen dann wiederum die hierarchisch folgenden Blöcke in gleicher Form.

2.2.3. Erzeugung neuer Blöcke

In einer nicht-hierarchischen dezentralen Peer-to-Peer Anwendung wie der Blockchain kann theoretisch jeder Nutzer/Knoten einen neuen Block hinzufügen. Dies führt dazu, dass konkurrierende Blöcke existieren können. Ohne eine zentrale Instanz, die über die Legitimität eines Blockes entscheidet, stellt sich nun die Frage nach einer Konsensentscheidung hierüber. Bei Kryptowährungen existieren diesbezüglich verschiedene sogenannte „Konsensverfahren". Die beiden wichtigsten sind Proof of Work und Proof of Stake (Fill & Meier, 2020, S.375), die an dieser Stelle dargestellt werden sollen. Für den Proof of Work muss ein kryptografisches Puzzle aufgelöst werden. Bei einem Proof of Work-Verfahren wird der Header um die Protokollversion, die Referenz, den Zeitstempel das Target den Hashbaum und die NONCE und eine Schwierigkeitsangabe (Difficulty) erweitert. Nun wird aus dem Wurzel-Hash der Protokollversion, der Referenz auf den Hash-Wert des vorgehenden Blocks, dem Zeitstempel der Difficulty und der NONCE ein gemeinsamer Hash-Wert gebildet. Die Aufgabe ist nun einen Hash-Wert zu finden, der kleiner ist als der durch das Target bestimmte Wert. Hierbei ist über eine Änderung des Targets eine Anpassung auf die Rechenleistung möglich, sodass bei steigender verfügbarer Rechenleistung das Target gesenkt werden kann (Nakamoto, 2009, S.3).

Beim Proof of Stake-Verfahren, wie es etwa in der Kryptowährung Ethereum etabliert ist, erfolgt die Zuordnung des Minting-Anspruchs über den Besitz einer großen Anzahl entsprechender Tokens, die zur Validierung der Blockerstellung hinterlegt werden müssen. Die Zuteilung des Rechts über den nächsten zu validierenden Block, erfolgt zufällig zwischen den jeweiligen Stakern, jedoch steigt die Wahrscheinlichkeit mit dem relativen Anteil hinterlegter Blöcke (Buterin, 2013).

Gibt es dennoch mehrere gleichzeitig hinzugefügte Blöcke in einer Blockchain gilt das Kriterium der längsten Blockkette. Blöcke mit wenigen oder keinen Nachfolgern, werden als „nicht bestätigt" und damit als unverbindlich betrachtet (Nakamoto, 2009, S.3).

Neben den in Kryptowährungen verbreiteten Konsensverfahren kann das Recht weitere Blöcke zu erzeugen auch an den Hash-Wert eines Wallets, einen Seed oder einen privaten Schlüssel gekoppelt sein.

2.3. Ledger

Durch die Transparenz aller Transaktionen in der Blockchain und die Verteilung dieser Information über alle teilnehmenden Knoten ergibt sich ein dezentrales Ledger. Dieses wird bei der Erzeugung eines neuen Blocks für alle Teilnehmer geupdatet, sodass stets alle Informationen, die in einer Blockchain gespeichert sind, allen Teilnehmern gleichermaßen zugänglich werden (Fill & Meier, 2020, S.373).

2.4. Smart Contracts

Eine besondere Anwendung der Blockchain findet sich in den Smart Contracts. Smart Contracts sind dezentral prozessierte und dezentral gespeicherte ausführbare Kontrakte auf Blockchainbasis. Vorteilhaft ist hierbei neben der Rechteverteilung auch die der Blockchain eigene Transparenz. Alle Nodes enthalten alle aktuellen und historischen Informationen über die Zustandsänderungen der Blockchain und des Kontraktes. Rechte für Transaktionen können mittels Passphrasen, Seeds oder Hash-Werten vergeben werden (Fill & Meier, 2020, S.265-266).

2.5. NFTs und Kryptowährungen

Die in der Allgemeinheit bekanntesten Formen von Blockchain-Anwendungen sind sicherlich NFTs und Kryptowährungen. In beiden Fällen können mit der Erstellung neuer Blöcke neben Transaktionen auch Tokens geschaffen werden. Während diese Tokens bei Kryptowährungen untereinander jeweils identisch sind und den selben Wert haben, trifft dies auf NFTs nicht zu.

Das Recht zur Erstellung weiterer Blöcke liegt bei Kryptowährungen wie zuvor beschrieben bei den Stakern oder den Nutzern, die den Proof of Work gelöst haben. Wobei die Versorgung mit neuen Tokens normalerweise begrenzt ist, um eine Inflation zu vermeiden. Kryptowährungen sollen als Währungen dienen.

NFTs sind eine besondere Form von Kryptowährungen, bei denen jeder Token einzigartig ist, was etwa durch eine spezielle Serialnummer im Header dargestellt wird. Dies erlaubt es NFTs unterschiedliche Werte aufzuweisen. NFTs können damit dazu genutzt werden, stellvertretend für reale oder virtuelle Güter zu stehen. Dies können zum Beispiel digitale Kunstwerke oder Immobilien sein. NFTs erlauben es, diese einfacher handelbar zu machen und den Besitz über die Blockchain nachzuweisen (Alkhudary et al., 2023, S.321-323).

2.6. Gas-Gebühren, Limitationen und Kritik

Obwohl die Blockchain insgesamt sicherlich eine beachtenswerte Technologie mit potentiellen Wertschöpfungsbeiträgen ist, soll in diesem Abschnitt kurz auf die mit ihr verbundenen Kosten und Limitationen sowie Kritikpunkte eingegangen werden.

Blockchaintransaktionen können zwar jederzeit erfolgen, werden jedoch nur erfasst, wenn ein neuer Block erzeugt wird. Dies bedeutet, dass die Durchführung von Transaktionen an den Proof of Work oder den Stake eines Knotens gekoppelt ist. Da nicht unbegrenzt viele Transaktionen in einem Block berücksichtigt werden können, ergibt sich damit eine Knappheit von Transaktionsmöglichkeiten. Diese Knappheit wird in einer Gebühr namens Gas ausgedrückt, die für eine Transaktion fällig wird und als Kompensation für die Energiekosten des Validierers ausgezahlt wird (Mandarino et al., 2022). Falls das jeweilige Blockchainnetz zu einem Zeitpunkt stark ausgelastet ist, können diese Gas-Gebühren gegebenenfalls auch den Wert der jeweiligen Transaktion übersteigen.

Weiterhin existieren dennoch Sicherheitsrisiken. Obwohl die Blockchain selbst sehr sicher ist, bedeutet das nicht, dass dies auch für die Wallets der User gilt. Da solche Wallets häufig nur durch eine Phrase (Seed Phrase oder privater Schlüssel) geschützt sind, existieren im Cryptospace viele Betrugsversuche, die dazu dienen sollen, die entsprechende Phrase zu erlangen. Nachdem ein Wallet auf eine solche Art verlustig gegangen ist, ist es wegen der Anonymität der Blockchain häufig schwierig die Täter zu ermitteln, rechtlich zu verfolgen und den Schaden zu beheben (Baterna, 2021).

Ein weiteres Problem besteht bezüglich des Datenschutzes. Zwar sind alle Transaktionen über die Walletnummer pseudonymisiert, jedoch ist dieses Pseudonym selbst nicht in jedem Fall sicher geschützt. Wenn etwa mit Fiatwährungen Tokens gekauft werden, sind der Kontoinhaber und seine Kontonummer gegebenenfalls gegenüber dem Transaktionspartner mit dem jeweiligen Wallet verknüpft. Dieser kann dann theoretisch alle mit dem entsprechenden Wallet durchgeführten Transaktionen nachvollziehen.

Ein wichtiger Kritikpunkt ist der Energieverbrauch und die damit verbundenen Umweltschäden. Da die möglichen Gewinne durch das Erstellen eines neuen Blockes je nach Netzwerk sehr hoch sein können, lohnt es sich für Nutzer auch teils sehr rechenintensive Blöcke zu minten. Dies kann mit einem exorbitanten Stromverbrauch einhergehen (Vranken, 2017, S.1-9). Weiterhin bedeutet dies, dass die Möglichkeit neue Blöcke zu erzeugen in vielen Netzwerken, die mit einem Proof of Work-Verfahren arbeiten, nicht dezentral verteilt ist, sondern sich auf einige wenige Besitzer von Großrechenzentren in günstiger Lage (etwa in Ländern mit geringen Stromkosten) konzentriert (Gwaro, 2023).

Bezüglich Smart-Contracts soll hier angeführt werden, dass die Verarbeitungsgeschwindigkeit der Blockchain-Ledgers des Smart-Contracts von der Leistungsfähigkeit und Anzahl der jeweiligen Nodes abhängt (Schäffer, 2019, S.23). Dadurch kann ein komplexer Smart-Contract, der eine Vielzahl von Meta-Daten enthält gegebenenfalls nicht rasch genug verarbeitet werden, als dass keine Reibungsverluste auftreten, was die Skalierbarkeit beeinträchtigen kann. Weiterhin müssen alle Vertragsinhalte in einer ausführbaren Markup-Sprache formuliert sein und Fehler im Code können den gesamten Vertrag gefährden (Luu et al., 2016, S.257). Letztlich ist die Transparenz der Verfahren gegenüber allen Nodes nicht für alle Anwendungen geeignet und ein einmal formulierter Kontrakt ist nicht mehr abänderbar.

2.7. Unternehmerische Anwendungsbeispiele von Blockchain-Technologien

Nachdem die relevanten Wirtschaftsbereiche sowie die grundlegenden Informationen über die Blockchain-Technologie dargestellt wurden, folgt nun die Präsentation der ausgewählten Unternehmen mit Blockchain-Anwendungen.

2.7.1. Blockchain und Corporate Finance

Finance, als Unternehmensaufgabe betrachtet, beinhaltet eine Vielzahl finanzieller Transaktionen. Diese erfolgen sowohl innerhalb des Unternehmens, etwa zwischen Abteilungen , als auch von und nach extern. Externe Transaktionspartner können andere Unternehmen der Wertschöpfungskette, staatliche Institutionen und Mitarbeiter sein.

Die transparente, zeitlich korrekte und sichere Durchführung dieser Transaktionen ist hierbei von Relevanz für das Erreichen der Unternehmensziele. So führen etwa verspätete Zahlungen sowie Betrug zu vermeidbaren Schäden. Weiterhin können Währungstausch und Intransparenz zwischen kooperierenden Unternehmen zu Reibungsverlusten führen (Guserl et al., 2022, S.2).

Mit dem Ziel Währungsrisiken zu minimieren hat die JPMorgan Chase Bank eine eigene Blockchain-Plattform und eine eigene Kryptowährung, den JPM Coin, entwickelt. Dieser erlaubt institutionellen Anlegern der Bank in Echtzeit grenz- und währungsübergreifende Zahlungen anzuweisen, ohne dass zuvor ein Währungstausch erfolgen muss (J.P.Morgan, 2023).

Ein weiterer wichtiger Bereich der Corporate Finance ist der Kapitalerwerb eines Unternehmens. Diesbezüglich diskutieren Momtaz et al in ihrer Publikation aus dem Jahr 2018 die Möglichkeit eines Unternehmens eigene Tokens oder Coins, d.h. eine eigene Kryptowährung auszugeben. Auf diese Art wäre es nach Auffassung der Autoren möglich Kapital ohne Beteiligung einer dritten Partei einzuwerben (Momtaz, 2018).

2.7.2. Blockchain und Lieferketten in der industriellen Herstellung

Die interorganisationale Abstimmung zwischen Unternehmen im Kontext eine Lieferkette beinhaltet neben den bereits eingeführten rein finanziellen Gefahren zusätzlich auch die produktionsinhärenten Risiken fehlender oder verspäteter Warenbewegungen (Helmold, 2023, S.161)). Um sowohl finanzielle als auch interorganisationale Abstimmungsrisiken zu vermindern, hat etwa die kalifornische Firma SyncFab einen komplexen kommerziellen Ansatz entwickelt, der eine Implementierung der Blockchain beinhaltet. Ziel des Produktes ist es, die dezentrale Produktion in komplexen Lieferketten zu optimieren. Die Implementierung soll hierbei die Transparenz und damit das Vertrauen der Akteure untereinander erhöhen und so zu Effizienzgewinnen führen.

Kern des Produktes ist ein dezentrales Ledger, das alle Transaktionen zwischen Akteuren aufzeichnet und sie so jederzeit einsehbar macht. Weiterhin implementiert SyncFab einen Token, den sogenannten MFG-Token, der auf der von unternehmerischen Akteuren unternehmenseigenen SyncFabs Plattform genutzt werden kann, um die Leistungen anderer Akteure anderer Wertschöpfungsstufen anzufordern und zu bezahlen. Ein Vorteil dieses Tokens ist die grenzübergreifende Echtzeitvergütung von Transaktionen ohne Währungsrisiko. Weiterhin werden alle Übereinkünfte zwischen Akteuren als selbstausführende Smart-Contracts gestaltet, was das Vertrauen in die Kontrakte stärken soll (Hikaru, 2018, S.16-27).

2.7.3. Blockchain und Lieferketten in der Agrarwirtschaft

Ähnlich wie in der zuvor dargestellten industriellen Herstellung können auch dedizierte Vorteile der Blockchain-Technologie in der Agrarwirtschaft identifiziert werden. So soll an dieser Stelle beispielhaft der IBM Food Trust dargestellt werden. Der IBM Food Trust schafft nach eigenen Angaben mittels Smart-Contracts „ein kooperatives Netz von Landwirten, Verarbeitungsunternehmen, Großhändlern, Distributoren, Herstellern, Einzelhändlern und anderen Beteiligten, das die Transparenz und Verantwortlichkeit in der gesamten Lebensmittellieferkette verbessert" (IBM Supply Chain Intelligence Suite - Food Trust, 2023). Durch die klare Identifikation in der Blockchain erlaubt die IBM Food Trust die Identifikation und Zuordnung aller Produkte in Echtzeit inklusive deren Herkunftsnachweises. Dies macht zusätzlich zu einer besseren Interaktion der unternehmerischen Akteure untereinander auch die Kontrolle von Umweltauflagen und zielgerichtete Rückrufaktionen möglich (Seregin, 2018).

2.7.4. Blockchain und (Projekt)Management

In der Literatur wird die Blockchain, d.h. insbesondere Smart-Contracts, auch als mögliches Managementtool diskutiert. Besonders vorteilhaft wird insbesondere die Tatsache betrachtet, dass vergangene Transaktionen in der Blockchain dauerhaft gespeichert und nicht änderbar sind. Weiterhin erlauben die kryptografischen Besonderheiten der Blockchain die konsequente Zuordnung von Rechten an einzelne Personalstellen, in Form von privaten Schlüsseln (etwa Seed phrases etc.). Dies erhöht die Sicherheit, dass eine jeweilige Transaktion nur durch verantwortliche Personalstellen durchgeführt werden kann. Bezüglich der Strukturierung von Projekten bestehen weitere Vorteile durch die Nutzung eines Smart-Contracts (Sonmez et al., 2023, S.8433-8434). Die klare unabänderliche Definition der Ziele und deren Zuordnung zu einer Personalstelle erlaubt in der Theorie eine spezifische Messung der Performance eines jeden Mitarbeitenden sowie die Kontrolle der Zielerreichung. Die dezentrale Architektur ermöglicht weiterhin eine personenunabhängige indirekte Führung. Dies führt idealerweise zu einer flacheren Unternehmenshierarchie und erlaubt ggf. eine effizientere Entscheidungsfindung (Sonmez et al., 2023, S.8445-8445).

Für die Mitarbeitenden, die die jeweiligen Stellen besetzen, besteht der Vorteil, dass während eines Projektes jederzeit der Fortschritt vollständig transparent ist und Führungsentscheidungen dadurch nachvollziehbarer sind (Sonmez et al., 2023, S.8447). Konkrete Anwendungsbeispiele von Blockchain-basierter Führung finden sich etwa in der 2021 publizierten Meta-Analyse von Somnez et al. in der insgesamt 32 Use-Cases beschrieben werden (Sonmez et al., 2023, S.8438). Diese werden von den Autoren in die Bereiche information management (IM), payments (PY), and contract management (CM) geclustert (Sonmez et al., 2023, S.8439). Die Autoren weisen in ihrer Arbeit abschließend darauf hin, dass es für ein Unternehmen wichtig ist sich entsprechend der Achsen Zentralisierung und Privacy zu orientieren, um die jeweils korrekte Blockchain Implementierung (Plattform & Typ) zu identifizieren (Sonmez et al., 2023, S.8447).

2.7.5. Blockchain und Immobilienwirtschaft

Auch in der Immobilienwirtschaft konnten im Kontext dieser Seminararbeit konkrete Anwendungen identifiziert werden. Beispielhaft sei hier der kommerzielle Anbieter Propy dargestellt. Dieser wirbt mit sicheren Immobilientransaktionen. Hierzu wird die NFT-Technologie angewandt. Auf einer unternehmenseigenen Plattform können NFTs von Immobilien als virtuelle Abbilder stellvertretend für das reale Objekt gehandelt werden. Die finanziellen Transaktionen können mittels Kryptowährung erfolgen, was zusätzlich zur Transparenz und Reduktion von Kosten (etwa bei grenzüberschreitenden Transaktionen) beitragen soll. Durch die Dokumentation der Transaktion in der Blockchain soll eine Fälschung der Besitzrechte nicht möglich sein, was das Vertrauen der Akteure steigern soll. Nach eigenen Angaben verfolgt Propy das Ziel Kaufende und Verkaufende in einer sicheren Umgebung zusammen zu bringen und dies schneller und kostengünstiger als herkömmliche Immobilienmakler (*Propy Whitepaper 2.0*, 2021).

2.7.6. Blockchain und die öffentliche Verwaltung sowie Cybersecurity

Während eine Immobilientransaktion in vielen Ländern, etwa in Deutschland, trotz Abwicklung im Cyberspace in ein analoges Grundbuch eingetragen werden muss, ist das Königreich Schweden dazu übergegangen ein Blockchain-basiertes Grundbuch zu führen (Proskurovska & Dörry, 2018 S.1-2). Zu Grunde liegt dieser Entscheidung nach Angaben der schwedischen Verwaltung die der Blockchain inhärente Transparenz und Sicherheit. Ziel ist es Korruption und Betrug im Immobiliensektor zu reduzieren (Proskurovska & Dörry, 2018, S.33).

Ein weiteres Beispiel der Nutzung von Blockchain-Technologien in der öffentlichen Verwaltung findet sich in Estland. Nach eigenen Angaben wegen Sicherheitsbedenken bezüglich Angriffen aus anderen Staaten nutzt Estland eine von der Firma Guardtime entwickelte Blockchain, um eine Vielzahl von Bürgerdiensten sicher online anbieten zu können (Mäe, 2022). Der Vorteil für estnische

Bürger liegt darin, dass diese bei hoher Sicherheit rechtskräftigeAmtsangelegenheiten online durchführen können, ohne persönlich in der jeweiligen Verwaltungsbehörde vorstellig werden zu müssen (Hartleb, 2023, S.104-107). Die genannte Firma Guardtime bietet ihre Sicherheitslösungen außerdem u.a. auch der NATO an (Paraskevopoulos, 2022).

Es handelt sich bei dem von Guard-Time vermarkteten Produkt KSI-Blockchain um eine skalierbare Platform, die auf ein „schlüsselloses Design" setzt. Die Integrität der Daten wird nur über Zeitstempel und Hash-Funktionen gesichert (*Keyless Signature Infrastructure*, 2015).

2.7.7. Blockchain und Versicherungswesen

Weitere Anwendungsbereiche der Blockchain finden sich im Versicherungssektor. Hier soll die Plattform Etherisc vorstellt werden. Diese ermöglicht die Ende-zu-Ende-automatisierte Abwicklung von Prozessen und Transaktionen mit dem Ziel, die Versicherungsbranche zu dezentralisieren (*White Paper 2.0*, 2022, S.16). Grundlage der Plattform ist die Kombination der Smart-Contract-Technologie und dem sogenannten DIP-Token. Diese Tokens können von Versicherungsnehmern, Versicherern und Plattform-Entwicklern für Versicherungs- und Entwicklungsleistungen sowie gegen Fiatwährungen erworben werden und repräsentieren neben einem finanziellen Wert auch Rechte und Ansprüche aus Versicherungsleistungen (*White Paper 2.0*, 2022, S.33-37). Durch die zusätzliche Implementierung von Smart-Contracts können im Versicherungsfall gegen die Zahlung von Tokens automatisierte Auszahlungen erfolgen und die Regulierung für alle Parteien transparent gestaltet werden. Dies soll die Effizienz und Transparenz von Versicherungsleistungen erhöhen (White Paper 2.0, 2022).

2.7.8. Blockchain und Energie

Die Energiewirtschaft ist ebenfalls ein kommerzieller Anwendungsbereich für Blockchain-basierte Produkte. Die australische Firma Power Ledger nutzt beispielhaft Blockchain-basierte Ansätze dazu, erneuerbare Energien handelbar zu machen. Hierbei basiert die dezentrale Handelsplattform auf einem Dual-Coin-System, d.h. zwei verschiedenen Tokens: Power Ledger Tokens und Sparkz.

Während Power Ledger Tokens die Hauptwährung sind und auf öffentlichen Blockchain-Plattformen gehandelt werden, sind Sparkz Transaktions-Tokens, die für den Innenhandel der PowerLedger Plattform verwendet werden. Sparkz sind über einen festen Tauschsatz an eine Fiatwährung gekoppelt. Eine Transaktion läuft so ab, dass ein stromkaufender Akteur zunächst auf einer öffentlichen Plattform Power Ledger Tokens kauft und aus diesen Sparkz erzeugt. Diese Sparkz werden dann für den eigentlichen Kauf von Elektrizität verwendet. Für Elektrizität-verkaufende Akteure erfolgt dieser Vorgang in umgekehrter Reihenfolge (*Power Ledger Whitepaper*, 2023 S.18-22). Für die Energietransaktionen verwendet PowerLedger Smart-Contracts, wodurch der Handel von Elektrizität automatisiert werden soll (*Power Ledger Whitepaper*, 2023, S.9-11). PowerLedger bewirbt die Vorteile seines Systems mit der Transparenz und Sicherheit des Verfahrens sowie der Möglichkeit Echtzeittransaktionen durchzuführen.

2.7.9. Blockchain und Nahverkehr

Eine wichtige Herausforderung des modernen Nahverkehrs ist die Zuordnung von Personen zu Transportmitteln entsprechend der Kapazität des Transportmittels, um eine möglichst hohe Auslastung zu erreichen. Dazu werden allgemein sogenannte Spatial Algorithms verwendet. Problematisch ist hierbei, dass diese den Aufenthaltsort des jeweiligen Nutzers verarbeiten, der mittels zivilem GPS ermittelt wird. Letzteres ist empfindlich gegenüber Störungen und nicht verschlüsselt, weshalb es auch empfindlich gegenüber Angriffen ist (*FOAM Whitepaper*, 2018, S.4-6). Somit besteht für Anbieter von individualisierten Transportlösungen stets ein Risiko eine zeitkritische Transaktion durchzuführen, da sich der Transaktionspartner gegebenenfalls nicht tatsächlich an der genannten Lokalisation befindet. Die Firma FOAM bietet daher eine kryptografisch gesicherte Form der Standortbestimmung auf Basis des open location standards on Ethereum an. Das Protokoll verbindet hierbei eine geohash-Adresse mit einer Ethereum-Adresse (*FOAM Whitepaper*, 2018, S.8-9). Hierdurch kann ein Wallet klar einer Position zugeordnet werden ohne, dass die Pseudonymisierung des Akteurs verloren geht. Wegen der erhöhten Sicherheit für beide Seiten sind Smart-Contract-basierte automatisierte Transaktionen möglich, die auf dem Protokoll aufbauen (*FOAM Whitepaper*, 2018, S.6).

2.7.10.   Blockchain und Gesundheitswesen

Auch im Gesundheitswesen finden sich international Unternehmen, die auf Blockchain-Technologien setzen. Beispielhaft sei hier BurstIQ aufgeführt. BurstIQ zielt darauf ab die Silo-Nutzung von Gesundheitsdaten zu überwinden. Dies ist ein in der einschlägigen Literatur breit diskutiertes Problem, da die Silo-Nutzung Forschungsvorhaben und Behandlungen erschwert (*Bringing Health to Life Whitepaper*, 2017, S.1-3). Da jedoch Gesundheitsdaten, wie das Genom eines Patienten oder die Krankengeschichte, als sensible Datensätze betrachtet werden müssen, können diese nicht ohne ausreichende Datenhoheit der betroffenen Person verarbeitet und verbreitet werden.

BurstIQ betreibt eine Plattform, die zum einen Patienten die Hoheit über Ihre eigenen Daten gibt und es diesen zum anderen ermöglich, ihre Daten Akteuren im Gesundheitswesen zur Verfügung zu stellen (*Bringing Health to Life Whitepaper*, 2017, S.14-17).

2.7.11.   Blockchain und Marketing

Der Basic Attention Token von Brave Software ist eine beispielhafte Anwendung der Blockchain in der Werbeindustrie. Brave Software beschreibt hierbei das Problem, dass im Kontext von Online-Werbung zunehmend rechenintensive Tracking-Verfahren und andere middleman software verwandt werden, um Datenschutzvorgaben zu genügen. Dies reduziere jedoch die Surferfahrung der Nutzer, sodass diese zunehmend auf Adblocker setzen, was zu einem Wettrüsten beider Seiten führe (*Basic Attention Token (BAT)*, 2021, S.1).

Das Produkt von Brave, das dieses Problem adressieren soll, besteht aus einem Browser und einem Token, dem Basic Attention Token. Da der Browser personenbezogene Informationen besser erfasst als die heute etablierten rechenintensiven Verfahren, kann die Nutzungserfahrung für den Nutzer besser gestaltet werden. So können machine-learning basierte Verfahren zielgerichtete Werbeanzeigen erstellen. Für das Anschauen von Werbeangeboten erhalten der Werbende und der Nutzer BATs, die gegen virtuelle Leistungen im Internet getauscht oder als Kryptowährung gehandelt werden können (*Basic Attention Token (BAT)*, 2021, S.13-17).

2.7.12.   Blockchain und Unternehmensrecht

Auch im Unternehmensrecht finden sich Anwendungen der Blockchain-Technologie. So bietet die Firma OpenLaw eine Lösung an, die Verträge zwischen Unternehmen in Form von Smart Contracts gestaltet, die auf der Ethereum Blockchain aufbauen. Hierbei bietet die Firma verschiedene Vorlagen von Übereinkünften an, die individualisiert werden können (Overview | OpenLaw Docs, 2019). Dargestellt werden die Vertragsinhalte in Form einer von OpenLaw entwickelten markup language (Markup Language | OpenLaw Docs, 2020). Ziel der Firma ist es transparente und faire Übereinkünfte zwischen Firmen zu schaffen. Durch die Verwendung von Smart-Contracts sollen Vertragsbedingungen konsequent durchgesetzt werden können (Overview | OpenLaw Docs, 2019).

2.7.13.   Blockchain und Recruiting

Aktuelle Herausforderungen des Recruitings sind der zunehmende Bedarf an zielgerichtet ausgebildeten und erfahrenen Bewerbern bei gleichzeitig zunehmendem Fachkräftemangel. Eine politische Lösung für diese Herausforderungen ist eine erhöhte Migration von (Reiff et al., 2020, S.3). Abhängig vom Herkunftsland und der individuellen Situation können im Kontext des Recruitings Schwierigkeiten bezüglich des Nachweises und der Anerkennung von beruflichen Qualifikationen entstehen (Reiff et al., 2020, S.10). Zur Lösung dieser Herausforderung existiert ein Blockchain-Ansatz der Firma Aworker. Aworker beabsichtigt eine sicherere und transparentere Dokumentation von Qualifikationen auf Basis der Blockchain-Technologie zu erreichen. Hierbei erfolgt die Dokumentation von Qualifikationen in einem dezentralen Ledger-System. Einträge in das Ledger werden von Aworker verifiziert und eingepflegt. Dieser Ansatz soll die Rate falscher Lebensläufe senken und das Vertrauen in die Qualifikationen der Bewerber stärken und den Bewerbungsprozess transparenter gestalten (Aworker - Disrupting the HR Industry Through Next-Gen Blockchain Technology | Bitcoinist.Com, 2018).

2.7.14.   Blockchain und Kunsthandel

Der Handel mit NFTs hatte in den letzten Jahren große mediale Aufmerksamkeit erhalten. Eine Firma die sich auf NFT-basierten Kunsthandel spezialisiert hat ist die Plattform Opensea. Opensea ist ein Portal, welches handelbare NFTs durchsuchbar listet und die Integration verschiedener Wallets erlaubt. Weiterhin bereitet Opensea historische Transaktionsdaten zu den jeweiligen NFTs und deren übergeordneten Sammlungen auf. Hierdurch soll es Nutzern vereinfacht werden Ihre digitalen Assets zu handeln und zu verwalten (White et al., 2022).

2.7.15.   Blockchain und Gamingindustrie

Der globale Markt für Videospiele wächst jährlich. Für 2023 bis 2027 wird von einem Wachstum von 7,31% pro Jahr angenommen. Damit hätte der globale Markt im Jahr 2027 ein Volumen von 498 Milliarden Euro (Videospiele - Weltweit | Statista Marktprognose, 2023). Somit fallen auch Anwendungen der Blockchain in Videospielen in den Bereich sinnvoller unternehmerischer Anwendungen der Blockchain und sollen hier kurz beleuchtet werden. Im Wesentlichen existieren zwei Ausprägungen, die gemeinsam oder auch isoliert beschrieben werden:

1. Spiele, die eigene Tokens an Ihre Spieler für bestimmte Leistungen ausgeben. Diese Tokens können als Kryptowährung gehandelt werden. Hierdurch können menschliche Spieler zu Leistungen motiviert werden und werden für das Spielen des Spiels bezahlt. Einzelne Akteure diskutieren menschliche Spieler als Statisten, sogenannte NPCs, anzustellen.

2. Spiele die einen Ingame-Verkauf von NFTs ermöglichen. Bereits jetzt wird ein großer Anteil der Videospieleinkünfte über den Verkauf von sogenannten Skins im Rahmen von Mikrotransaktionen erreicht. NFT-basierte, d.h. einzigartige Skins könnten gegebenenfalls deutlich teurer verkauft werden und wären für die Spieler wiederum handelbar. Einzelne Akteure diskutieren außerdem über die Möglichkeit solche Skins spielübergreifend weiterzuführen (Delfabbro et al., 2022 ,S.717-720).

2.7.16.   Blockchain und Non-Profit Organisationen

Auch der non-profit Bereich hat sich in der Vergangenheit Anwendungen der Blockchain gewidmet. So soll beispielhaft der World-Wildlife-Fund genannt werden. Dieser ist eine schweizerische Stiftung, die zu den größten internationalen Natur- und Umweltschutzorganisationen gehört. Seit dem Jahr 2022 versuchte der WWF Spenden über NFTs einzuwerben (NFA - Krypto-Kunst für Artenschutz, 2023)

2.7.17.   Blockchain und geistiges Eigentum

Abschließend soll ein Blockchain-Ansatz im Kontext der Musikindustrie dargestellt werden: Mycelia wurde von der Musikerin Imogen Heap ins Leben gerufen. Es ist eine non-profit Organisation die sich als Musikunternehmen versteht. Ihr Projekt Mesh bietet einen sogenannten Creative Passport an. Ziel dieses Creative Passports ist es, transparente und sichere Zahlungen an Künstler zu ermöglichen (*MYCELIA Creative Passport*, 2023, S.3), sodass die Kunstschaffenden mehr Kontrolle über die von Ihnen geschaffenen Werte haben. Jeder Creative Passport ist dabei verifiziert mit einem Künstler oder einer Band verbunden (*MYCELIA Creative Passport*, 2023, S.3) und enthält Informationen über deren kreative Arbeit, Rechte, Lizenzen und Geschäftsbeziehungen.

3. Schluss

Im Hauptteil dieser Arbeit wurden verschiedene unternehmerische Anwendungen der Blockchain-Technologie dargestellt. Wie bereits eingangs erläutert handelt es sich hierbei nicht um eine erschöpfende Aufarbeitung jeder Unternehmung, die die Blockchain-Technologie wertschöpfend nutzt. Dennoch zeigten sich in der vorangegangenen Darstellung gewisse Parallelen, die in diesem Kapitel unterstrichen werden sollen: sektoren- und anwendungsübergreifend findet die Technologie Anwendung zur Reduktion von Intransparenz und zur Erreichung von Effizienzgewinnen, insbesondere an Transaktionsschnittstellen sowie zur Erhöhung der Transaktions- und Datensicherheit.

Hinsichtlich der jeweils implementierten Technologieform (NFTs, Smart-Contracts und Kryptowährungen) fanden sich jedoch unterschiedliche Schwerpunkte:

Während NFTs in unternehmerischen Kontexten als Platzhalter für handelbare Werke genutzt werden, erfolgt die Nutzung von Smart-Contracts wenn das Ziel einer transparenten Automatisierung von Transaktionen und Prozessen verfolgt wird oder unternehmerische Rechtsbeziehungen ausgestaltet werden sollen. Kryptowährungen wurden sowohl als Ersatz von Fiatwährungen, etwa beim grenzübergreifenden Zahlungsverkehr, als auch als Vergütung und Leistungsnachweis, etwa in der Werbebranche und beim Energiehandel verwendet. Die Blockchain selbst findet als dezentrales Ledger-System Anwendung als digitales Grundbuch und als transparente Form geistiges Eigentum zu verwalten.

Obwohl die Darstellungen in dieser Seminararbeit nicht abschließend sind, konnten Beispiele für eine Vielzahl von sinnvollen unternehmerischen Anwendungen in verschiedenen Wirtschaftsbereichen dargestellt werden.

Vor einer Implementierung von Blockchain-Technologien in ein Unternehmen sollten jedoch auch die eingangs beschriebenen Limitationen der Technologie bedacht werden.

Als Ausblick soll an dieser Stelle abschließend angeführt werden, dass verschiedene Forschungsgruppen sich mit der Überwindung der vorhandenen Limitationen befassen und diese daher zukünftig gegebenenfalls eine zunehmend geringere Rolle spielen werden. Beispielhaft sei hier die Arbeit „A Secure Sharding Protocol for Open Blockchains" von Luu et al. genannt, die sich mit der verbesserten Skalierbarkeit von Blockchain-Anwendungen befasst (Luu, Narayanan, et al., 2016).

Literaturverzeichnis

Alkhudary, R., Belvaux, B., & Guibert, N. (2023). Understanding non-fungible tokens (NFTs): Insights on consumption practices and a research agenda. *Marketing Letters: A Journal of Research in Marketing, 34*(2), 321–336. https://doi.org/10.1007/s11002-022-09655-2

Athavale, V. A., Arora, S., Athavale, A., & Yadav, R. (2022). One-Way Cryptographic Hash Function Securing Networks. In G. Gupta, L. Wang, A. Yadav, P. Rana, & Z. Wang (Hrsg.), *Proceedings of Academia-Industry Consortium for Data Science* (S. 105–113). Springer Nature. https://doi.org/10.1007/978-981-16-6887-6_10

Aworker—Disrupting the HR Industry Through Next-Gen Blockchain Technology | Bitcoinist.com. (2018, Februar 17). https://bitcoinist.com/aworker-disrupting-hr-industry-next-gen-blockchain-technology/

Basic Attention Token (BAT). (2021). https://basicattentiontoken.org/static-assets/documents/BasicAttentionTokenWhitePaper-4.pdf

Baterna, Q. (2021, Dezember 1). *5 Ways Fraud Is Possible on Blockchain.* MUO. https://www.makeuseof.com/ways-fraud-possible-on-blockchain/

Bringing Health to Life Whitepaper. (2017). https://www.burstiq.com/wp-content/uploads/2017/09/BurstIQ-whitepaper_07Sep2017.pdf

Buterin, V. (2013). *A NEXT GENERATION SMART CONTRACT & DECENTRALIZED APPLICATION PLATFORM.* https://blockchainlab.com/pdf/Ethereum_white_paper-a_next_generation_smart_contract_and_decentralized_application_platform-vitalik-buterin.pdf

Delfabbro, P., Delic, A., & King, D. L. (2022). Understanding the mechanics and consumer risks associated with play-to-earn (P2E) gaming. *Journal of Behavioral Addictions, 11*(3), 716–726. https://doi.org/10.1556/2006.2022.00066

Fill, H.-G., & Meier, A. (2020). *Blockchain kompakt: Grundlagen, Anwendungsoptionen und kritische Bewertung.* Springer Fachmedien. https://doi.org/10.1007/978-3-658-27461-0

FOAM Whitepaper. (2018). https://foam.space/publicAssets/FOAM_Whitepaper.pdf

Guserl, R., Pernsteiner, H., & Brunner-Kirchmair, T. M. (2022). *Finanzmanagement: Grundlagen - Konzepte - Umsetzung.* Springer Fachmedien. https://doi.org/10.1007/978-3-658-37757-1

Gwaro, E. (2023, April 24). *What Is Bitcoin Mining Centralization and Why Is It a Concern?* MUO. https://www.makeuseof.com/what-is-bitcoin-mining-centralization/

Hartleb, F. (2023). Technokratischer e-Staat. Estland als best-practice-Beispiel in der Digitalisierungsdebatte? In A. Wagener & C. Stark (Hrsg.), *Die Digitalisierung des Politischen: Theoretische und praktische Herausforderungen für die Demokratie* (S. 87–118). Springer Fachmedien. https://doi.org/10.1007/978-3-658-38268-1_5

Helmold, M. (2023). Lieferkettenmanagement und Vertriebskanäle. In M. Helmold (Hrsg.), *Total Revenue Management: Fallstudien, bewährte Praktiken und Einblicke in die Branche* (S. 67–76). Springer International Publishing. https://doi.org/10.1007/978-3-031-29773-1_5

Hikaru, Y. (2018). *Decentralized Manufacturing.* https://smartmfg.io/SyncFab_MFG_WP.pdf

IBM Supply Chain Intelligence Suite—Food Trust. (2023, April 4). https://www.ibm.com/de-de/products/supply-chain-intelligence-suite/food-trust

J.P.Morgan. (2023). *Coin Systems | Onyx by J.P.Morgan*. Onyx by J.P. Morgan. https://jpmorgan.com/onyx/coin-system.htm

Keyless Signature Infrastructure. (2015). https://m.guardtime.com/files/KSI_data_sheet_201509.pdf

Konstantinidis, I., Siaminos, G., Timplalexis, C., Zervas, P., Peristeras, V., & Decker, S. (2018). Blockchain for Business Applications: A Systematic Literature Review. In W. Abramowicz & A. Paschke (Hrsg.), *Business Information Systems* (S. 384–399). Springer International Publishing. https://doi.org/10.1007/978-3-319-93931-5_28

Kumar, S., Lim, W. M., Sivarajah, U., & Kaur, J. (2023). Artificial Intelligence and Blockchain Integration in Business: Trends from a Bibliometric-Content Analysis. *Information Systems Frontiers, 25*(2), 871–896. https://doi.org/10.1007/s10796-022-10279-0

Litan, A. (2022, Juli 22). *Gartner Hype Cycle for Blockchain and Web3, 2022*. Gartner Hype Cycle for Blockchain and Web3, 2022. https://blogs.gartner.com/avivah-litan/2022/07/22/gartner-hype-cycle-for-blockchain-and-web3-2022/

Luu, L., Chu, D.-H., Olickel, H., Saxena, P., & Hobor, A. (2016). Making Smart Contracts Smarter. *Proceedings of the 2016 ACM SIGSAC Conference on Computer and Communications Security*, 254–269. https://doi.org/10.1145/2976749.2978309

Luu, L., Narayanan, V., Zheng, C., Baweja, K., Gilbert, S., & Saxena, P. (2016). A Secure Sharding Protocol For Open Blockchains. *Proceedings of the 2016 ACM SIGSAC Conference on Computer and Communications Security*, 17–30. https://doi.org/10.1145/2976749.2978389

Mäe, I. (2022, Juni 2). *KSI blockchain provides truth over trust*. E-Estonia. https://e-estonia.com/ksi-blockchain-provides-truth-over-trust/

Mandarino, V., Pappalardo, G., & Tramontana, E. (2022). Some Blockchain Design Patterns for Overcoming Immutability, Chain-Boundedness, and Gas Fees. *2022 3rd Asia Conference on Computers and Communications (ACCC)*, 65–71. https://doi.org/10.1109/ACCC58361.2022.00018

Markup Language | OpenLaw Docs. (2020, September 24). https://docs.openlaw.io/markup-language/#variables

Momtaz, P. P. (2018). *Initial Coin Offerings* (SSRN Scholarly Paper Nr. 3166709). https://doi.org/10.2139/ssrn.3166709

MYCELIA Creative Passport. (2023). http://myceliaformusic.org/mycelia-creative-passport.pdf

Nakamoto, S. (2009). Bitcoin: A Peer-to-Peer Electronic Cash System. *Cryptography Mailing list at https://metzdowd.com*.

NFA - Krypto-Kunst für Artenschutz. (2023, Juni 8). https://www.wwf.de/aktiv-werden/nfa

Overview | OpenLaw Docs. (2019, April 4). https://docs.openlaw.io/

Park, A., Kietzmann, J., Pitt, L., & Dabirian, A. (2022). The Evolution of Nonfungible Tokens: Complexity and Novelty of NFT Use-Cases. *IT Professional, 24*(1), 9–14. https://doi.org/10.1109/MITP.2021.3136055

Pihlak, H. (2017, Februar 1). *Guardtime awarded contract for next-generation NATO Cyber Range*. E-Estonia. https://e-estonia.com/guardtime-awarded-contract-for-next-generation-nato-cyber-range/

Power Ledger Whitepaper. (2023). https://www.powerledger.io/company/power-ledger-whitepaper

Propy Whitepaper 2.0. (2021). https://propy.com/browse/wp-content/uploads/2021/10/Propy-WP-2021.pdf

Proskurovska, A., & Dörry, S. (2018). Is a Blockchain-Based Conveyance System the Next Step in the Financialisation of Housing?: The Case of Sweden. *SSRN Electronic Journal.* https://doi.org/10.2139/ssrn.3267138

Rao, K. V., Murala, D. K., & Panda, S. K. (2023). Blockchain: A Study of New Business Model. In S. K. Panda, V. Mishra, S. P. Dash, & A. K. Pani (Hrsg.), *Recent Advances in Blockchain Technology: Real-World Applications* (S. 187–214). Springer International Publishing. https://doi.org/10.1007/978-3-031-22835-3_9

Reiff, E., Gade, C., & Böhlich, S. (2020). *Handling the shortage of nurses in Germany: Opportunities and challenges of recruiting nursing staff from abroad* (Working Paper Nr. 3/2020). IUBH Discussion Papers - Human Resources. https://www.econstor.eu/handle/10419/222921

Schäffer, M. (2019). *Performance and scalability of smart contracts in private ethereum blockchains* [Thesis, Wien]. https://doi.org/10.34726/hss.2019.56625

Seregin, K. (2018, Oktober 9). Food Trust | Blockchain-Netzwerk zur Nahrungsmittelkontrolle. *Blockchainwelt.* https://blockchainwelt.de/food-trust-blockchain-netzwert-zur-nahrungsmittelkontrolle/

Sonmez, R., Sönmez, F. Ö., & Ahmadisheykhsarmast, S. (2023). Blockchain in project management: A systematic review of use cases and a design decision framework. *Journal of Ambient Intelligence and Humanized Computing, 14*(7), 8433–8447. https://doi.org/10.1007/s12652-021-03610-1

Videospiele—Weltweit | Statista Marktprognose. (2023). https://de.statista.com/outlook/dmo/digitale-medien/videospiele/weltweit

Vranken, H. (2017). Sustainability of bitcoin and blockchains. *Current Opinion in Environmental Sustainability, 28,* 1–9. https://doi.org/10.1016/j.cosust.2017.04.011

White, B., Mahanti, A., & Kalpdrum, P. (2022, August 16). *Characterizing the OpenSea NFT Marketplace | Companion Proceedings of the Web Conference 2022.* https://dl.acm.org/doi/abs/10.1145/3487553.3524629

White Paper 2.0. (2022). https://uploads-ssl.webflow.com/6243075ff83d08a79dc7b307/63bbffeb07508e1d02fc70b4_Etherisc%20Whitepaper%20December%202022.pdf